To-Do List

I0479659

To-Do List

To-Do List

To-Do List

To-Do List

To-Do List

To-Do List

To-Do List

To-Do List

To-Do List

To-Do List

To-Do List

To-Do List

To-Do List

To-Do List

To-Do List

To-Do List

To-Do List

To-Do List

To-Do List

To-Do List

To-Do List

To-Do List

To-Do List

To-Do List

To-Do List

To-Do List

To-Do List

To-Do List

To-Do List

To-Do List

To-Do List

To -Do List

To-Do List

To-Do List

To-Do List

To-Do List

To-Do List

To-Do List

To-Do List

To-Do List

To-Do List

To-Do List

To-Do List

To-Do List

To-Do List

To-Do List

To-Do List

To-Do List

To-Do List

To-Do List

To-Do List

To-Do List

To-Do List

To-Do List

To-Do List

To-Do List

To-Do List

To-Do List

To-Do List

To-Do List

To-Do List

To-Do List

To-Do List

To-Do List

To-Do List

To-Do List

To-Do List

To-Do List

To-Do List

To-Do List

To-Do List

To-Do List

To-Do List

To-Do List

To-Do List

To-Do List

To-Do List

To-Do List

To-Do List

To-Do List

To-Do List

To-Do List

To-Do List

To-Do List

To-Do List

To-Do List

To-Do List

To-Do List

To-Do List

To-Do List

To-Do List

To-Do List

To-Do List

To-Do List

To -Do List

To-Do List

To-Do List

To-Do List

To-Do List

To-Do List

To-Do List

To-Do List

To-Do List

To-Do List

To-Do List

To-Do List

To-Do List

To-Do List

To-Do List

www.ingramcontent.com/pod-product-compliance
Lightning Source LLC
Chambersburg PA
CBHW030722220526
45463CB00005B/2143
* 9 7 8 1 6 5 6 6 5 9 1 8 7 *